Conexiones

5 historias cortas con actividades para practicar español

Andre Caliman

Andre Caliman desea agradecer a Gi su generosa hospitalidad. Gracias a ella pudo dibujar estas historias mientras disfrutaba de la brisa del mar.

Nuestro sincero agradecimiento a Rocío Blasco García y María Sánchez Alfaro por su generosa ayuda.

ISBN: 978-84-949475-3-7
Depósito legal: M-239-2021
Impreso en España
Printed in Spain

Explotación didáctica: Esteban Bayón.
Edición: Carlos Oliva.
Diseño gráfico y maquetación: David Márquez y Andre Caliman.
Ilustración de portada: Andre Caliman.
Las actividades de las páginas 23, 43, 83 y 104 han sido diseñadas utilizando ilustraciones de freepik.com.
Impresión: Gráficas Glodami. Coslada (Madrid). 2021.

Distribuido por:
Editorial Edinumen
C/ José Celestino Mutis, 4. 28028 Madrid
Teléfono: +34 91 308 5142
e-mail: edinumen@edinumen.es
www.edinumen.es

Cómics para aprender español es una serie de atractivos cómics graduados por niveles y diseñados específicamente para el estudiante de español.

En ***Conexiones*** el lector encontrará 5 atractivas historias cortas de nivel B1 en formato cómic, además de:

- Actividades de comprensión al final de cada historia.
- Un glosario español/inglés/francés con las palabras y expresiones más difíciles para el estudiante. Dichas palabras aparecen marcadas en naranja a lo largo de las historias.
- Un solucionario de las actividades propuestas.

¿Por qué cómics?

Los cómics pueden ser una herramienta pedagógica muy valiosa en el proceso de enseñanza/aprendizaje de idiomas. Su particular formato ofrece grandes ventajas a los alumnos de lenguas extranjeras. Entre ellas:

- Es una forma excelente de presentar textos narrativos, ya que las imágenes refuerzan y facilitan la comprensión de los mismos.
- Favorecen la presentación y aprendizaje de vocabulario. La memoria de la información lingüística aumenta si hay algún elemento visual relevante.
- Sumergen al estudiante en un contexto comunicativo real, ofreciéndole mucha información pragmática.
- Propician que los alumnos procesen la información recibida en una lengua extranjera con un menor desgaste cognitivo, por lo que el riesgo de que se acaben aburriendo disminuye.
- Las imágenes de los cómics atraen el interés de los estudiantes y les animan a seguir leyendo. En una sociedad cada vez más visual, la imagen se ha convertido en un sistema válido de comunicación y aprendizaje, sistema con el que los jóvenes se sienten muy cómodos.
- Ayudan a los alumnos a adquirir el hábito lector, al tiempo que incrementan sus habilidades en este campo.
- Permiten el desarrollo del pensamiento interpretativo, ya que la mente del lector es la que cierra la acción entre viñeta y viñeta.
- Fomentan la motivación de los estudiantes, lo cual repercute muy positivamente en el aprendizaje. Cuando un alumno se divierte, es cuando más aprende.

Por todo ello, ***Conexiones*** es un material muy recomendable tanto para la lectura individual como para el trabajo en el aula.

tarjeta de embarque
EL FINAL DE LA PELÍCULA
hora de embarque 16:35
asiento 15A
ESTE ES UN ANUNCIO PARA LOS PASAJEROS DEL VUELO IBERIA 124 CON DESTINO A MÁLAGA. EL VUELO ESTÁ RETRASADO POR LA FUERTE LLUVIA QUE CAE SOBRE LA CIUDAD. ESPERAMOS EMBARCAR DENTRO DE UNA HORA.
TAMBIÉN ANUNCIAMOS QUE ESTE VUELO TIENE OVERBOOKING Y OFRECEMOS BILLETES DE IDA Y VUELTA GRATUITOS A LOS PASAJEROS QUE DESEEN VOLAR MAÑANA.
GRACIAS POR SU PACIENCIA.
COF COF

TIENE UN BUEN CATARRO...
COF COF
LO SIENTO, NO QUIERO MOLESTARLA... SOLO ESTOY ABURRIDO DE ESPERAR Y...
...
...BUENO, DÉJEME PRESENTARME. ME LLAMO MARCOS. ENCANTADO.
Helados
VAYA, AQUÍ ESTÁ EL PESADO DEL DÍA...
TAL VEZ ELLA NO HABLE ESPAÑOL...

¿SABE USTED? ESTA SITUACIÓN ME RECUERDA ALGO QUE ME PASÓ HACE MUCHOS AÑOS.
UNOS CUARENTA Y CINCO AÑOS ATRÁS...
...CUARENTA Y CINCO AÑOS... EL TIEMPO PASA RÁPIDO, ¿VERDAD?
ÁNIMO, PUEDO SOBREVIVIR A ESTO.
YO ERA JOVEN Y ESTABA ESPERANDO PARA VIAJAR A OTRA CIUDAD. TAMBIÉN HABÍA RETRASO, COMO HOY.
PERO NO ESTABA EN UN AEROPUERTO. EN ESA ÉPOCA, VIAJAR EN AVIÓN NO ERA TAN HABITUAL COMO AHORA.
ESTABA EN UNA...

...ESTACIÓN DE AUTOBUSES.
SÍ, ESPERABA UN AUTOBÚS. PERO HUBO UN ACCIDENTE EN LA CARRETERA QUE CAUSÓ UN GRAN RETRASO. YO ERA UN CHICO DE CAMPO, MI DESTINO ERA LA GRAN CIUDAD.
QUERÍA SER ACTOR, HACER PELÍCULAS... NUNCA LO CONSEGUÍ.
PERO EN ESE MOMENTO ERA JOVEN Y ESTABA LLENO DE SUEÑOS.
COF COF

DESPUÉS DE DOS HORAS SENTADO EN UN DURO ASIENTO, DE REPENTE APARECIÓ ESA CHICA.
¡!
ELLA CAMINABA DISTRAÍDA POR LA ESTACIÓN, CON UN GRAN VASO DE CAFÉ EN UNA MANO Y UNA ELEGANTE MALETA EN LA OTRA. DE HECHO, ELLA NO CAMINABA... ELLA... DESFILABA...
25
LA MIRÉ...
...HIPNOTIZADO.
PERO DE REPENTE...
...LA MAGIA FUE INTERRUMPIDA.

TODO PASÓ COMO A CÁMARA LENTA.
UN CHICO CORRÍA POR EL PASILLO, PARA NO PERDER SU AUTOBÚS, Y GOLPEÓ A LA CHICA.
SIN MALA INTENCIÓN, CLARO.
LA PRISA DE LA JUVENTUD, YA SABE USTED...
YO, SIN DUDARLO,...
...CON UN MOVIMIENTO RÁPIDO...
...ME PUSE DE PIE Y LA SOSTUVE, EVITANDO QUE CAYERA SOBRE EL DURO SUELO DE LA ESTACIÓN.

NOS MIRAMOS A LOS OJOS.
ESOS GRANDES OJOS VERDES ME ENAMORARON INMEDIATAMENTE.
HASTA QUE LA LEY DE LA GRAVEDAD NOS DEVOLVIÓ A LA REALIDAD.
TUVIMOS SUERTE. EL CAFÉ YA ESTABA UN POCO FRÍO.
CLAP
CLAP CLAP
CLAP CLAP

NO SÉ SI LA GENTE APLAUDÍA MI VALENTÍA O EL ESPECTÁCULO DE LA DUCHA DE CAFÉ, PERO…
LA CHICA Y YO NOS REÍMOS CON ELLOS.
GRACIAS… YO…
DE NADA, JA, JA, JA.
PERO ME GUSTARÍA SABER CÓMO TE…
ÚLTIMA LLAMADA PARA EL AUTOBÚS CON DESTINO A BARCELONA. POR FAVOR, DIRÍJANSE A LA DÁRSENA NÚMERO 12.
27
¡!

LO SIENTO, ES MI AUTOBÚS. TENGO QUE IRME... MUCHAS GRACIAS OTRA VEZ...
SÍ, CLARO, PERO...
NO TUVE TIEMPO PARA PREGUNTARLE SU NOMBRE, NI PARA CONSEGUIR UN NÚMERO DE TELÉFONO, UNA DIRECCIÓN... NADA...
ELLA SE FUE Y SE METIÓ EN EL AUTOBÚS. TAL VEZ EL MISMO AUTOBÚS DEL CHICO QUE LA HABÍA TIRADO.
175
ECO

PENSÉ EN ELLA DURANTE MUCHO TIEMPO, PERO ERA IMPOSIBLE ENCONTRARLA.
MÁS TARDE, CONOCÍ A OTRA CHICA EN LA CIUDAD.
ME CASÉ, TUVE HIJOS, ENVIUDÉ... PERO HOY, ESPERANDO MI VUELO EN ESTE AEROPUERTO...
...HE RECORDADO OTRA VEZ ESOS GRANDES OJOS VERDES.
ENTONCES...

...¿FUISTE TÚ?
?!
¿QU... QUÉ?
¡ERES TÚ!
¡EL CHICO CON ACENTO GALLEGO QUE ME SALVÓ!
¡!

UTY FREE
Super Moda
¡MADRE MÍA!...AHORA QUE TE HAS QUITADO LA BUFANDA, PUEDO VER...
¡AY! ¡OTRA VEZ!

YA NO TENGO BUENOS REFLEJOS...
NO ES TU CULPA. SIEMPRE HAGO ESTAS COSAS...
UNA AGRADABLE COINCIDENCIA, ¿NO CREES?
SÍ...
¿SABES LO QUE ES GRACIOSO? AL FINAL YO ME CASÉ CON EL CHICO QUE ME TIRÓ EN LA ESTACIÓN DE AUTOBUSES. TOMAMOS EL MISMO AUTOBÚS Y...
¡NO! ¿DE VERDAD?
SÍ...
JA, JA, JA.

A VECES LA VIDA ES COMO UN CHISTE, ¿VERDAD?
CREO QUE SÍ.
ME CASÉ, TUVE HIJOS, ENVIUDÉ... LA MISMA HISTORIA... PERO TAMPOCO OLVIDÉ ESE DÍA EN LA ESTACIÓN DE AUTOBUSES...
SÍ, CREO QUE ESTAS HISTORIAS SE REPITEN TODO EL TIEMPO...
...EN TODAS PARTES.

POR CURIOSIDAD, ¿ADÓNDE VIAJABAS ESE DÍA?
EN ESA ÉPOCA ERA MODELO. IBA A UN CONCURSO DE BELLEZA. YO ERA...
...GUAPA ENTONCES.
¿Y GANASTE EL CONCURSO?
SEGUNDO PUESTO...
¡QUÉ INJUSTICIA!
NO, LA OTRA CHICA ERA GUAPÍSIMA...

ESCUCHA, ME GUSTARÍA...
BUENAS TARDES, SEÑORES PASAJEROS.
PUEDEN EMBARCAR LOS PASAJEROS CON NIÑOS PEQUEÑOS Y LOS PASAJEROS QUE NECESITEN ASISTENCIA.
ESTE ES EL ANUNCIO PARA EL EMBARQUE DEL VUELO IBERIA 098 CON DESTINO A MÁLAGA.
¡!
ES MI AVIÓN...
SÍ, TIENES QUE IRTE.

EN REALIDAD, SOY UNA ANCIANA QUE CAMINA MUY DESPACIO...
CREO QUE ESE AVIÓN PUEDE ESPERAR HASTA QUE TOMEMOS UNA PEQUEÑA TAZA DE CAFÉ.
SI QUIERE USTED INVITARME...
SÍ... SÍ... CLARO.
MARCOS, ¿VERDAD? ENCANTADA DE CONOCERTE. SOY LUCÍA.
UN PLACER, LUCÍA.
ESTE ES UN ANUNCIO PARA LA PASAJERA LUCÍA MARTÍNEZ. POR FAVOR, DIRÍJASE INMEDIATAMENTE A LA PUERTA 19C.
ÚLTIMA LLAMADA PARA LA PASAJERA LUCÍA MARTÍNEZ. EL VUELO IBERIA 098 CON DESTINO A MÁLAGA ESTÁ A PUNTO DE DESPEGAR. POR FAVOR, DIRÍJASE A LA PUERTA 19C INMEDIATAMENTE.

AGARRA FUERTE EL CAFÉ, ¿VALE?
JA, JA, JA.
JA, JA, JA.
CAFÉ
CUANDO ERA JOVEN, SOÑABA CON HACER PELÍCULAS...
CAFÉ
AHORA MIRO HACIA ATRÁS Y MI VIDA HA SIDO COMO UNA PELÍCULA...
...SIMPLEMENTE, YO NO ESPERABA ESTE FINAL.
fin

1. Elige un elemento de cada columna para formar frases relacionadas con la historia que has leído.

1. Empezó a hablar...
2. Fue a la estación de autobuses...
3. Caminaba por la estación...
4. Se enamoró...
5. Quería pedirle su teléfono...
6. Cuando escuchó la historia...
7. Cogió el autobús...
8. Tenía que coger un avión...

A. cuando un chico chocó con ella.
B. pero no tuvo tiempo.
C. se dio cuenta de que era la persona de la estación.
D. porque estaba cansado.
E. pero prefirió no hacerlo.
F. porque tenía un trabajo.
G. porque quería ir a la gran ciudad.
H. cuando vio sus ojos.

1.1. ¿Con qué personaje relacionas las frases anteriores? Anota el número junto a su nombre.

Lucía: ____________________ Marcos: ____________________

2. ¿En qué lugar puedes encontrar estas cosas? Relaciona las siguientes palabras con los lugares de la tabla. Algunas puedes ponerlas en más de un lugar.

pasajero/a / vuelo / dársena / billete de ida y vuelta / conductor/a / vagón / asiento / puerta de embarque / andén / control de pasaportes / taquilla / compañía aérea / revisor/a

Estación de autobús	Aeropuerto	Estación de tren

2.1. Añade todas las palabras que conozcas a los cuadros anteriores.

2.2. Completa las frases usando palabras de la actividad 2 en la forma correcta.

1. El avión está lleno: todos los ____________________ están en sus asientos.
2. El tren a París sale del ____________________ número 5.
3. Los pasajeros con ____________________ deben confirmar el día de regreso con 24 horas de antelación en la ____________________ o en la web.

4. Es muy barata, pero no me gusta esa ______________________, siempre tienen retrasos.

5. Prepara el billete para cuando te lo pida el ______________________.

6. ¿Qué ______________________ prefiere: ventanilla o pasillo?

3. En un momento de la historia Marcos dice: "Viajar en avión no era tan habitual en aquella época". Fíjate en las acciones que aparecen en el cuadro, ¿crees que antes se hacían igual que ahora? Escribe frases siguiendo el modelo.

Viajar en avión / Estar con la familia / Hablar por teléfono / Tener hijos Viajar al extranjero / Escribir cartas / Jugar en la calle / Hacer fotos

Pret. imperfecto + *más (...) que ahora*	*No* + pret. imperfecto + *tanto/a/os/as (...) como ahora*
______________________	*No viajaban en avión tanto como ahora.*
______________________	______________________
______________________	______________________
______________________	______________________
______________________	

3.1. Añade otras cosas que han cambiado: una que se hacía más que ahora y otra que no se hacía tanto como ahora.

3.2. Fíjate en Marcos cuando estaba en la estación de autobuses y ahora en el aeropuerto. Haz frases comparando los siguientes aspectos:

1. Físico: *Antes Marcos estaba delgado, pero ahora está un poco gordo.*

2. Pelo: ______________________
____

3. Edad: ______________________
____

4. Trabajo: ______________________
____

5. Familia: ______________________
____

EL PASAJERO ANÓNIMO
IMMIGRATION ARRIVED
21 DEC 2006
VISITOR
LA ESTRELLA DEL EQUIPO SE MARCHA
EL MEJOR DEL MUNDO NO ESTÁ
¡SE BUSCA!
RECOMPENSA: UNA COPA DEL MUNDO
TUTU DESAPARECIÓ ANOCHE
LA FINAL DE LA COPA DEL MUNDO ES MAÑANA
DE NOTICIAS
¿DÓNDE ESTÁ TUTU?
PAPÁ...
PAPÁ...
UN MOMENTO, SERGIO... ESTOY LEYENDO.
PAPÁ...
Inmigración →
SERGIO, ¡PARA!
¡PAPÁ!

¡PAPÁ! ¡MIRA!
¿QUÉ PASA, SERGIO?
¡MIRA!
¡MIRA!
¡SERGIO!
¡MIRA!
LO SIENTO, SEÑOR. MI HIJO...
¡!
¡!
PERO...

¡ERES TÚ!
SÍ, PERO NO SE LO DIGAS A NADIE.
¡EL PERIÓDICO DICE QUE HAS DESAPARECIDO! ¿ADÓNDE... ADÓNDE VAS?
TRANQUILO...
MI ESPOSA ESTABA EMBARAZADA. ASÍ QUE AYER TOMÉ UN AVIÓN Y VOLVÍ A CASA PARA VER EL NACIMIENTO DE MI HIJO.
Inmigración
¡AHORA VUELVO A ITALIA PARA JUGAR LA FINAL!
¡GUAU!

¡QUÉ HISTORIA TAN INCREÍBLE! LOS PERIÓDICOS NO TE CREERÁN CUANDO LES DIGAS LA VERDAD.
SÍ... SIEMPRE ES ASÍ...
A MI ENTRENADOR NO LE HA GUSTADO... PERO SE LO PROMETÍ A MI ESPOSA. AHORA TENGO QUE VOLVER RÁPIDAMENTE.
MI SUSTITUTO EN EL EQUIPO NO ES MUY BUENO, JE, JE, JE.
SÍ, ES UN PAQUETE, JE,JE,JE.
JA, JA, JA.
JA, JA, JA.

CHICOS... ¿QUÉ HACÉIS? LA COLA ESTÁ AVANZANDO...
AAHHH... HOLA...
MAMÁ, ¡ES TUTU!
¡CHIIIIST!
¡SIGUIENTE!
¡!
ES MI TURNO.
ción
BUENOS DÍAS.
BUENOS DÍAS. PASAPORTE, POR FAVOR.

¡OH, NO!
¿ALGÚN PROBLEMA, SEÑOR?
LO SIENTO, YO...
...¡OLVIDÉ MI PASAPORTE!

INMIGRA
¡NO SÉ QUÉ HA PASADO!
¡PERO TENGO QUE TOMAR ESE AVIÓN!
POR FAVOR, SALGA DE LA COLA.
¡ES MI BALÓN, PAPÁ!
LO SÉ, PERO TIENES QUE DEJARLO AHÍ, HIJO.
UNOS MINUTOS DESPUÉS...
TRANQUILÍCESE, SEÑOR.
¡ESTOY TRANQUILO!

MUY BIEN. SÍGANOS POR AQUÍ.
PERO BUENO...
¿NO ME RECONOCÉIS? SOY TUTU... ¡EL FUTBOLISTA!
¿USTEDES NO VEN LA COPA DEL MUNDO?
MIREN ESTO.
DEJE ESE OBJETO DONDE ESTÁ, SEÑOR.
¡VAMOS, HOMBRE! TENGO QUE JUGAR LA FINAL EN ITALIA DENTRO DE SEIS HORAS. ¡TENGO QUE TOMAR ESE AVIÓN!
NO TIENE PASAPORTE, SEÑOR. Y NO PUEDE PASAR. SON LAS NORMAS DEL AEROPUERTO.
¡ES EL PARTIDO DE MI VIDA!

UNOS MINUTOS DESPUÉS, EN EL VESTÍBULO DEL AEROPUERTO…
LE ACONSEJAMOS QUE VUELVA A INMIGRACIÓN CUANDO TENGA SU PASAPORTE. Y TAMBIÉN LE PEDIMOS QUE SE TRANQUILICE PARA NO CAUSAR PROBLEMAS EN ESTE AEROPUERTO.
¡NO PUEDO CREERLO! ¡MIREN, ESTOY AHÍ! ¡EN TODAS LAS TELEVISIONES DEL MUNDO!
TIE DA
LO SIENTO, SEÑOR. QUE TENGA UN BUEN DÍA.
GRACIAS…
…POR NADA.

Y, ADEMÁS, ME HE QUEDADO SIN BATERÍA EN EL MÓVIL.
CAFÉ
HOLA, ¿ME PONE UN CAFÉ SOLO, POR FAVOR?
¿AZÚCAR, SEÑOR?
SÍ, MUCHO.
¡SEÑOR!
¡!
¿QUÉ PASA?
¿PUEDE DEVOLVERNOS ESE BALÓN? NO ES SUYO...
¡!

VALE, PERO ANTES...
¡MIREN ESTO!

¡MIRAD ESO!
ES BUENO, ¿VERDAD?
¡GUAUU! ¡ES INCREÍBLE!
¡ESPERA! ES... ¡ES TUTU!
PARECE UN PROFESIONAL.
¿TUTU?
FLASH
FLASH
FLASH

instagram
facebook
www.news.com
¡TUTU ESTÁ BIEN!
SOLO SE TOMÓ UN DESCANSO
¿TUTU JUGARÁ LA FINAL?
PARECE QUE TUTU ESCAPÓ DE LA CONCENTRACIÓN PARA VER EL NACIMIENTO DE SU HIJO. Y AHORA ESTÁ INTENTANDO VOLVER A ITALIA.

Número
1
¡El mejor!
Copa del Mund
¿LO VEN? ¡SE LO DIJE!
STO
TODAVÍA NO TIENE PASAPORTE, SEÑOR.
FLASH
FLASH
Helados
FLASH
¿VAS A JUGAR LA FINAL?
ESO ESPERO...
¿SIGUES CASADO?
ESO ESPERO...

¡TUTU! ¡AQUÍ, AQUÍ!
PASAPORTE
¡!
¡DÉJENLA PASAR, POR FAVOR!
¡ENCONTRÉ TU PASAPORTE!
ESTABA EN UNA SILLA DEL RESTAURANTE AL FONDO DEL PASILLO. ES TUYO, ¿VERDAD?
¡SÍ, QUÉ BIEN! ¡YA PUEDO JUGAR LA FINAL! JA, JA, JA.
PASAPORTE

¡YUHUUUU!
SEÑORAS Y SEÑORES, ESTAMOS A PUNTO DE DESPEGAR. POR FAVOR, APAGUEN SUS DISPOSITIVOS ELECTRÓNICOS Y PONGAN SUS ASIENTOS EN POSICIÓN VERTICAL...
UN MOMENTO, POR FAVOR...
SEÑORAS Y SEÑORES, DISCULPEN LAS MOLESTIAS. UN NUEVO PASAJERO ACABA DE EMBARCAR Y...
¡MIRA, PAPÁ! ¡MI BALÓN!
¿QUÉ ESTÁ PASANDO AHÍ?

¡HOLA A TODOS!
VENGA CONMIGO, POR FAVOR.
MUCHAS GRACIAS...
CLAP CLAP CLAP
¡!
FLASH
FLASH
FLASH
UNAS HORAS DESPUÉS...
SEÑORAS Y SEÑORES, EN UNOS MINUTOS VAMOS A COMENZAR EL DESCENSO AL AEROPUERTO DE ROMA-FIUMICINO.
LA TEMPERATURA EN ROMA ES DE TREINTA Y DOS GRADOS Y EL CIELO ESTÁ MUY DESPEJADO. GRACIAS.
Y ENTONCES...
FUE UN LARGO CAMINO PARA LA ESTRELLA DE ESTA NOCHE.
PERO DESPUÉS DE ALGUNOS PROBLEMAS EN EL AEROPUERTO...

¡TUTU ESTÁ AQUÍ! ¡EL MEJOR JUGADOR DEL MUNDO!
¡EN LA FINAL DE LA COPA DEL MUNDO!
TUTU APARECE EN EL ÁREA PEQUEÑA...
EL BALÓN VUELA DESDE EL LADO DERECHO...
TUTU SALTA...
GOLPEA EL BALÓN Y...
¡¡GOOOOOOOL!!
¡SÍ! ¡EL BALÓN ESTÁ DENTRO DE LA PORTERÍA! ¡GOL DE TUTU! ¡TUTU! ¡TUTUUUUUU!
YO SABÍA QUE ERA ÉL...
TÚ NO SABÍAS NADA... ¡YO LO SABÍA!
LO DUDO.
TIENDA
fin

1. Completa el resumen de la historia poniendo los verbos del cuadro en la forma correcta.

empezar (2) / explicar / poder (2) / tener / permitir / jugar (2) darse cuenta / tocar / estar (2) / llegar / decir / llevar / ser

Un padre y un hijo que **1.** ___________ en la cola del control de pasaportes del aeropuerto **2.** ___________ de que el hombre que **3.** ___________ detrás de ellos **4.** ___________ el famoso futbolista Tutu, que había desaparecido de la Copa del Mundo de Fútbol, que se **5.** ___________ en ese momento.

Cuando le **6.** ___________ el turno en el control, Tutu se dio cuenta de que no **7.** ___________ el pasaporte y les **8.** ___________ a los policías la situación, pero los policías le **9.** ___________ que sin pasaporte no **10.** ___________ pasar. Entonces Tutu **11.** ___________ a jugar con la pelota en el aeropuerto. Todas las personas **12.** ___________ a mirarlo y a hacerle fotos y la información **13.** ___________ a todos los periódicos y televisiones del mundo, pero la policía no le **14.** ___________ entrar hasta que una mujer le **15.** ___________ el pasaporte, que había olvidado en un restaurante del aeropuerto. Finalmente, Tutu **16.** ___________ coger el avión y llegar a tiempo para la final donde **17.** ___________ y metió un gol.

2. ¿Con qué deporte relacionas estas palabras? Completa el nombre del deporte con las letras que faltan.

1. Raqueta, red, pista. _ _ N _ _

2. Canasta, triple, bote. B _ _ _ _ C _ _ _ _

3. Portería, área, pelota. _ _ _ B _ _

4. Botas, mapa, cuerda. M _ _ _ _ Ñ _ _ M _

5. Nieve, bastones, casco. _ _ _ _ Í

6. Guante, bola, bate. _ _ _ _ B _ _

2.1. Mira estas imágenes. ¿Con qué palabras de la actividad anterior las relacionas?

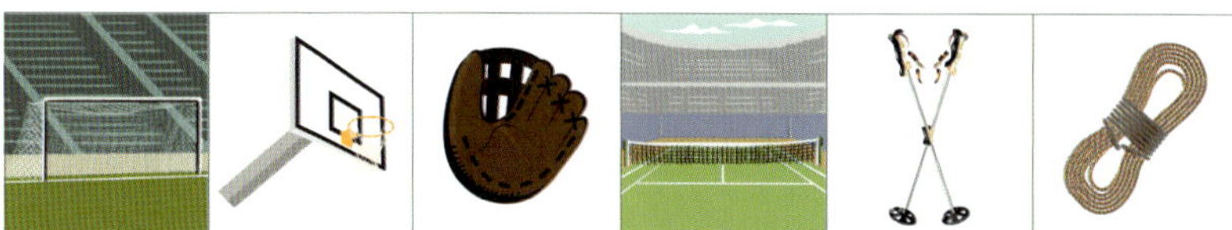

1.	2.	3.	4.	5.	6.

7.	**8.**	**9.**	**10.**	**11.**	**12.**

3. Transforma las frases utilizando los verbos del cuadro, fíjate en el ejemplo.

pedir / aconsejar / prohibir / recomendar / permitir

1. **Tranquilícese**, por favor. → *Le pedimos que se tranquilice, por favor.*

2. Tienes que ver esa película, es muy divertida. → ____________________

3. No puede pasar, son las normas. → ____________________

4. Tome frutas y verduras todos los días, es muy importante. → ____________________

5. Podéis usar el diccionario si queréis. → ____________________

6. Apaguen sus dispositivos y pongan sus asientos en posición vertical. → ____________________

7. Puedes ir al concierto este fin de semana si acabas la tarea antes. → ____________________

3.1. Relaciona cada frase de la actividad anterior con una de las siguientes personas.

a. amigo: ☐ **b.** médico: ☐ **c.** padres: ☐

d. piloto: ☐ **e.** policía: *1* ☐ **f.** profesora: ☐

3.2. Lee las siguientes situaciones y escribe consejos usando la estructura *Te aconsejo/recomiendo que* + presente de subjuntivo.

Un amigo/a...

1. va a visitar tu cuidad: ____________________

2. está muy nervioso/a en el examen: ____________________

3. quiere estar más delgado/a: ____________________

4. quiere aprender una lengua: ____________________

NUEVA YORK 4
BOGOTÁ 7
TORONTO 13
UN POCO DE CHOCOLATE
TOKIO 6
¡RÁPIDO, NECESITO SUBIR A ESE AVIÓN! SÍ, YA SÉ QUE ÉL ME HA DICHO QUE NUESTRA RELACIÓN SE HA TERMINADO, PERO CREO QUE PODEMOS ARREGLARLO. TAL VEZ SOLO NECESITEMOS VERNOS, PASAR UN POCO DE TIEMPO JUNTOS, HABLAR TRANQUILAMENTE...
PERO VOSOTROS DOS HABÉIS ROTO, ¿NO?...
BUENO, EN REALIDAD SÍ...
Y TÚ NO QUIERES, ¿VERDAD?
YO CREO QUE EL PROBLEMA ES LA DISTANCIA, ¿SABES? PERO PODEMOS ARREGLARLO...
OH, ALICIA, SABES QUE LAS RELACIONES A DISTANCIA SON MUY DIFÍCILES...
¡PERO NECESITO VERLE!

¿PARA QUÉ? YA CONOCES SU RESPUESTA, ALICIA… ¡SOLO VAS A HACERTE DAÑO!
LO SÉ, PERO… NO QUIERO PERDERLE…
PERDONE, SEÑOR. ¿DÓNDE ESTÁ LA PUERTA CINCUENTA Y CUATRO?
UUUM… TIENES QUE IR HASTA EL FINAL DEL PASILLO, GIRAR A LA DERECHA Y…
¡!
¡GRACIAS!

VALE, PERO QUIZÁS NO TENGAS QUE IR CORRIENDO DETRÁS DE ÉL. SIENTO SER NEGATIVA, PERO SI ÉL YA NO QUIERE ESTAR CONTIGO, TAL VEZ... DEBES RESPETAR SU DECISIÓN.
TAL VEZ TENGAS RAZÓN...
PUERTA CINCUENTA Y CUATRO, POR FAVOR. ¿DÓNDE ESTÁ?
TOME EL ASCENSOR HASTA LA SEGUNDA PLANTA. LUEGO CAMINE HACIA LA IZQUIERDA Y...
¡!
MUY BIEN, ¡GRACIAS!

¿ALGUIEN PUEDE PULSAR EL BOTÓN DE LA TERCERA PLANTA, POR FAVOR?
¡ESPEREN! ¡ESPEREN!
LO SIENTO, PERO EL ASCENSOR ESTÁ LLENO.
¡!
TODAVÍA HAY UN POCO DE SITIO. AVANCEN HASTA EL FONDO, POR FAVOR.
POR FAVOR, ¡AYÚDENME!

BIEN, ¡GRACIAS! ¿ALGUIEN PUEDE PULSAR EL BOTÓN, POR FAVOR?
PLIN
¡UGHHH!
¡ADIÓS! ¡GRACIAS A TODOS!
¡UGHHH!
¡UGHHH!
¡UGHHH!
¡ESA CHICA ESTÁ LOCA!
LO SIENTO, ¡TENGO PRISA!

¡OIGA, NO EMPUJE!
¡HAY QUE VENIR AL AEROPUERTO CON MÁS TIEMPO!
LO SIENTO, PERO NO TENGO TIEMPO PARA EXPLICARLES.
CLAP CLAP
GRACIAS, GRACIAS.

ESTOY MUY ENFADADA. VOY A HABLAR CON ELLA MAÑANA MISMO.
SÍ, HAREMOS ESA VENTA A TODA COSTA.
ELLOS TIENEN QUE ENTENDER QUE ESA ZONA ES CARÍSIMA.
LO SIENTO. SOY ALÉRGICO A LOS GATOS.
MODE
PARA, JOVENCITA.
¿?
NO SE PUEDE CORRER ASÍ POR EL AEROPUERTO.
POR FAVOR, LLEGO TARDE.

¿DÓNDE QUIERES IR?
PUERTA CINCUENTA Y CUATRO, POR FAVOR.
MUY BIEN, ESCÚCHAME. DETRÁS DE ESA PANTALLA GRANDE HAY UN PASILLO QUE TE LLEVARÁ A UN VESTÍBULO. DESPUÉS, TIENES QUE TOMAR EL PASILLO DE LA DERECHA Y...
VALE, ¡GRACIAS!
MAMÁ, ¿PUEDO DARLE COMIDA AL PERRO?

HOLA, ABRA UNA CUENTA EN NUESTRO BANCO Y CONSIGA UNA MALETA NUEVA.
QUÉ PESADOS... ESTÁN POR TODAS PARTES...
RECUERDO CÓMO NOS CONOCIMOS. FUE EN UNA CALLE PEQUEÑA Y ROMÁNTICA, EN BURDEOS... POR CASUALIDAD.
VIVIMOS TIEMPOS MUY FELICES... VISITAMOS PARQUES, CASTILLOS, CIUDADES...
YO LE PRESENTÉ A MIS AMIGOS... Y TODOS LE APRECIABAN.
INCLUSO LE GUSTABA A MI MADRE. ALGO BASTANTE RARO...

PERO UN DÍA ÉL DIJO QUE ERA MEJOR NO SEGUIR JUNTOS. QUE TENÍAMOS GUSTOS MUY DIFERENTES, VIDAS MUY DIFERENTES...
TAMBIÉN DIJO OTRAS COSAS TERRIBLES...
Y SIN EMBARGO... YO SIGO CORRIENDO...
52
53
¿?
SEÑOR, POR FAVOR, ¿DÓNDE ESTÁ LA PUERTA CINCUENTA Y CUATRO?
LA ÚLTIMA PUERTA DE ESTE PASILLO ES LA CINCUENTA Y TRES.

¡NO PUEDE SER! ¡EN MI BILLETE ESTÁ ESCRITO PUERTA CINCUENTA Y CUATRO!
ESA PUERTA ESTÁ EN OTRO PASILLO.
EL PASILLO QUE SALE DEL VESTÍBULO, A LA DERECHA.
¡MADRE MÍA! ¿Y AHORA QUÉ? ¡SOLO FALTAN DOS MINUTOS!
TE LLEVARÉ ALLÍ CON MI COCHECITO ELÉCTRICO. PERO NO SÉ SI LLEGAREMOS A TIEMPO…
VAMOS A INTENTARLO… ¡POR FAVOR!
ENTONCES… TAL VEZ NECESITES INTENTARLO UNA VEZ MÁS…
O TAL VEZ ÉL NECESITE QUE LE DEMUESTRES LO QUE SIENTES…

DE TODOS MODOS, TE APOYARÉ EN LO QUE DECIDAS...
...A VECES NECESITAMOS PROBAR PARA DARNOS CUENTA DE TODO...
¿PROBAR?
SÍ, PARA DESCUBRIR LO QUE ES MEJOR PARA NOSOTROS. SI TOMAS ESE VUELO, EL DESTINO DIRÁ SI HAS ELEGIDO BIEN O NO...
AÉROPORT
A VECES DEBEMOS INTENTARLO, AUNQUE AL FINAL PERDAMOS...
... PORQUE PERDER NOS PUEDE LLEVAR A NUEVAS OPORTUNIDADES... NUEVAS HISTORIAS... PERDER Y GANAR...
...ESO ES LA VIDA.

¡CORRE, JOVENCITA, CORRE!
CORRE DETRÁS DE TUS SUEÑOS.
¿PUERTA CINCUENTA Y CUATRO?
SÍ, ¿Y TÚ?
YO TAMBIÉN.

54
56
55
¡VAMOS, DATE PRISA! ¡LLEGAS TARDE!
¡!
GRACIAS. ¡ENTONCES ME VOY!
SÍ, PERO PRIMERO DAME UN ABRAZO. ¡MUCHA SUERTE, ALICIA!

¡TOMA UN TAXI EN LA CALLE DE ENFRENTE!
¡VALE! ¡ADIÓS!
¡HASTA PRONTO!

¡¡TAXI!!
TAXI PARISIEN

¿ESTÁ LIBRE?
SÍ, ¿ADÓNDE QUIERES IR?
¡AL AEROPUERTO, POR FAVOR! ¡Y MUY RÁPIDO!
VALE. IRÉ LO MÁS RÁPIDO QUE PUEDA...
TAXI PARISIEN

LO PERDÍ...
BIENVENIDA AL CLUB.
¿?

ME PARECE QUE HE PERDIDO MUCHO EN ESE AVIÓN.
YO TAMBIÉN...
¿TÚ QUÉ HAS PERDIDO?
UN SUEÑO TONTO, CREO... ES DIFÍCIL DE EXPLICAR.
NO TE PREOCUPES. TE ENTIENDO...

¿QUIERES UN POCO DE CHOCOLATE?
ES BUENO PARA ESTOS MOMENTOS.
SÍ, GRACIAS.
ME LLAMO ALICIA. ENCANTADA DE CONOCERTE.
ENCANTADO, ALICIA. YO SOY AXEL.
fin

1. **Lee las siguientes frases y marca si son verdaderas (V) o falsas (F).**

	V	F
1. La amiga de Alicia creía que la relación tenía solución.		
2. Alicia tuvo que ir por las escaleras porque el ascensor del aeropuerto estaba lleno.		
3. Alicia conoció a su novio por una amiga.		
4. A todo el mundo le caía bien su novio excepto a su madre.		
5. Un trabajador del aeropuerto ayudó a Alicia a llegar a la puerta de embarque.		
6. La amiga de Alicia no quiere que vaya a ver a su novio.		
7. Alicia conoció a otro chico en el aeropuerto.		

2. **Vuelve a la página 51 y observa a las personas que caminan por el aeropuerto mientras Alicia corre para llegar al avión. Después, responde a estas preguntas utilizando las palabras del cuadro.**

tal vez / quizá / posiblemente / probablemente

1. ¿Con quién tiene que hablar la mujer? ¿Por qué está enfadada? ¿Qué le dirá?

____

____

2. ¿Qué quieren vender? ¿Por qué es tan importante? ¿Por qué es cara la zona?

____

____

3. ¿Qué le pasa al chico? ¿Por qué es un problema la alergia?

____

____

4. ¿Qué le dijo el novio a Alicia cuando terminó la relación?

____

____

5. ¿Qué sueño tonto perdió Axel, el chico del chocolate? ¿Qué pasará con Alicia y con él?

____

____

3. Lee las siguientes frases y relaciónalas con los significados de los verbos *perder* o *perderse*.

1. El equipo perdió el partido. Están eliminados.	**a.** No poder estar presente en algo que se esperaba.
2. Tutu perdió su pasaporte y no pudo pasar el control.	**b.** No conseguir la victoria, no ganar.
3. Alicia perdió el avión. Ahora tiene que comprar otro billete.	**c.** No saber dónde estás o cuál es el camino.
4. Alicia se perdió en el aeropuerto y tuvo que preguntar a un hombre.	**d.** No llegar a tiempo a algo y, por lo tanto, no poder participar o estar presente.
5. Nos perdimos la película, ¡qué pena!	**e.** No encontrar algo que tenías.

3.1. Completa las siguientes frases con la forma correcta de *perder* o *perderse*. Después, marca el significado de la actividad anterior con que lo relacionas.

1. Ana ________________ la fiesta del sábado pasado porque tenía que terminar un trabajo. ☐
2. (Ellos) ________________ el juicio porque el abogado no lo había preparado. ☐
3. Me dormí y cuando llegué a la escuela era tarde, ________________ la clase. ☐
4. Hay muchas calles iguales. Ten cuidado, es muy fácil ______________. ☐
5. ¿Habéis visto mis llaves? Creo que las ________________. ☐

3.2. Completa los diálogos poniendo las expresiones que aparecen en el cuadro en la forma correcta.

abrazarse / caer bien / llevarse bien / tener una aventura / ligar / romper con

1. —Ana, ¿cuándo llegas?
   —El avión debería aterrizar mañana a las 15:35.
   —Vale, voy a buscarte al aeropuerto, que tengo unas ganas de _______....
   —Y yo. ¡Hasta mañana!
2. —¿Sabes que Julia ________________ Andrés? Estaba harta de sus celos.
   —Me alegro mucho, de verdad. A mí no ________________, parecía que siempre estaba enfadado.
3. —¿Has visto cómo te mira ese chico? Creo que ______________, Diana.
   —¿Tú crees? A mí me parece que lo que pasa es que es miope.
4. —Antonio, me han dicho que ________________ con Ángela.
   —¿Qué dices?, pero si su marido es uno de mis mejores amigos.
   —No sé, es lo que dicen en la oficina. Como siempre estáis juntos....
   —Bueno, es que ________________ y ya está.

Carta
LA ESTRELLA MISTERIOSA
Café
Té
Zumos
Tostadas
BUENOS DÍAS. UN CAFÉ CON LECHE, POR FAVOR.
CAFÉ
AHORA MISMO.
PARA MÍ TAMBIÉN, POR FAVOR.
LO QUE QUIERO DECIR, ANDRÉS, ES QUE ME GUSTAN LOS AEROPUERTOS PORQUE SON LUGARES DE PASO.
PERSONAS DE TODO EL MUNDO QUE VIENEN Y VAN... QUE HABLAN IDIOMAS DIFERENTES... TODOS JUNTOS EN UN MISMO ESPACIO...

¿ADÓNDE VAN?
¿QUIÉN LES ESPERA?
¿DE DÓNDE VIENEN?
QUÉ FILOSÓFICO... ¿POR QUÉ NO ESCRIBES UN LIBRO SOBRE ESTO? JA, JA, JA.
PERO MIRA SUS CARAS... ALGUNOS ESTÁN TRISTES, OTROS IMPACIENTES...
HAY ALGO IMPREDECIBLE EN LOS AEROPUERTOS. HAY ALGO...
CAFÉ
...MÁGICO...
AQUÍ TENÉIS, CHICOS.

OH, GRACIAS.
UMMM... ESTE CAFÉ HUELE MUY BIEN.
¿QUÉ ESTABAS DICIENDO?
POR EJEMPLO, MIRA LA CHICA QUE ESTÁ SENTADA ALLÍ, EN LA ESQUINA.
¿CUÁL?
LA CHICA DEL PELO CASTAÑO Y LAS GAFAS DE SOL QUE ESTÁ LEYENDO UNA REVISTA.

¿DE QUÉ PARTE DEL MUNDO CREES QUE ES?
OH, NO SÉ...
¿HACEMOS UNA APUESTA?
¿CÓMO?
CAFÉ
GRIMACE magazine
VAMOS, ANDRÉS. SOLO PARA MATAR EL TIEMPO...
VALE. YO CREO QUE ES DE ESPAÑA. ¿Y TÚ?
HUMMM, DÉJAME PENSAR...

¿SUECIA?
MUY BIEN. VAMOS A APOSTAR VEINTE LIBRAS, ¿VALE? QUIEN MÁS SE ACERQUE EN DISTANCIA A SU PAÍS, GANA.
¿DE ACUERDO?
DÉJAME VER SI TENGO DINERO…
VAMOS, ANDRÉS. LOS DOS SABEMOS QUE TE ENCANTAN LAS APUESTAS ESTÚPIDAS…
¡DE ACUERDO!
¡BIEN!
¿Y QUIÉN IRÁ ALLÍ PARA PREGUNTAR A LA CHICA?

¡TÚ, POR SUPUESTO!
¿YO? ¡PERO TÚ TUVISTE LA IDEA!
CLARO. YO YA TUVE LA IDEA. AHORA ES TU TURNO...
NO, NO, NO...
CAFÉ
BUENO... VALE...
CAFÉ
JA, JA, JA... NO PUEDES DECIR QUE NO A UNA APUESTA...

EJEM...
HO...
HOLA...
GRIMACE magazine

PERDONE, SEÑORA. ME LLAMO ANDRÉS...
FLAP FLAP
GRIMACE
CAFÉ
MIRE. SÉ QUE ES EXTRAÑO VENIR ASÍ, DE REPENTE, PERO SOLO QUERÍA SABER DE DÓNDE ES USTED.
SUDÁFRICA.

GUAU... SUDÁFRICA... YO PENSABA QUE...
...UN MOMENTO...
TÚ ERES...
GRIMACE

¡¡CHIIIIST!!
NO DIGAS NADA.
SIÉNTATE.
¡HE VISTO TODAS TUS PELÍCULAS! ¡SOY UN GRAN ADMIRADOR! ERES... ERES INCREÍBLE...
SILENCIO, POR FAVOR. NO QUIERO LLAMAR LA ATENCIÓN.

SOLO QUIERO ENTRAR EN MI AVIÓN Y SALIR DE AQUÍ LO ANTES POSIBLE.
¿ESTÁS TRABAJANDO EN UNA NUEVA PELÍCULA?
SÍ, SÍ...
ALLÍ PASA ALGO...
¿OTRO CAFÉ, SEÑOR?
SÍ, POR FAVOR.
BUENO, TENGO QUE MARCHARME.
CLARO, PERO...
¿PUEDO PEDIRTE UN AUTÓGRAFO MUY DISCRETAMENTE?
BUENO, VALE.

SIENTO SER ANTIPÁTICA, PERO NO ME GUSTAN LOS AEROPUERTOS. SIEMPRE ME PONGO NERVIOSA ANTES DE VOLAR. ¿CÓMO TE LLAMAS?
ME LLAMO ANDRÉS.
AQUÍ TIENES UN PAPEL.
VALE. ANDRÉS…
PERDONA, PERO… COMO YA TIENES UN PAPEL Y UN BOLÍGRAFO EN LA MANO… ¿TE PUEDO PEDIR TU NÚMERO DE TELÉFONO?
¿?

VALE...
BUENAS TARDES. EL EMBARQUE DEL VUELO DELTA 227 CON DESTINO A LOS ÁNGELES ESTÁ A PUNTO DE COMENZAR. POR FAVOR, DIRÍJANSE A LA PUERTA NÚMERO VEINTIOCHO.
¡MUCHAS GRACIAS!
LO SIENTO, PERO ESE ES MI VUELO. TENGO QUE IRME. ADIÓS.
...
...ADIÓS...
LOS PASAJEROS DE PRIMERA CLASE Y LOS PASAJEROS CON NIÑOS YA PUEDEN EMBARCAR.

ESA CONVERSACIÓN HA SIDO BASTANTE LARGA. ENTONCES, ¿ELLA DE DÓNDE ERA?
SUDÁFRICA.
YO ESTABA MÁS CERCA. ¡HE GANADO!
SÍ... TÚ HAS GANADO...
CAFE
CAFE
¿QUÉ?
NADA...
¡HABLA, HOMBRE!

ELLA ERA...
¡¡NO!!
¡SÍ!
NO...
TE LO JURO. AQUÍ ESTÁ SU AUTÓGRAFO. Y... SU NÚMERO DE TELÉFONO...
¡QUÉ PILLO ERES!

AUNQUE… NO SÉ SI DEBO CREERTE…
ERA ELLA… ¡SEGURO!
CAFÉ
SOLO PUEDO CREERTE SI ESCUCHO SU VOZ EN EL TELÉFONO. ¡LLÁMALA!
CAFÉ
NO, NO, NO. AHORA ESTÁ SUBIENDO A UN AVIÓN…
VAMOS, ANDRÉS. TE DOBLO LA APUESTA. SI LLAMAS Y ES ELLA, TE PAGO EL DOBLE.
BUENO, VALE…
¡SÍ!

...este número de teléfono no existe...
¿ESTE NÚMERO NO EXISTE?
JA, JA, JA.
NO PUEDE SER...
BUENO, AHORA SÍ QUE CREO QUE ERA ELLA. TE HA DADO ESQUINAZO DE UNA MANERA MUY ELEGANTE. JA, JA, JA.

SEÑORAS Y SEÑORES, EL EMBARQUE DEL VUELO BRITISH AIRWAYS 284 CON DESTINO A LONDRES ESTÁ A PUNTO DE COMENZAR. POR FAVOR, PREPAREN SUS PASAPORTES Y SUS TARJETAS DE EMBARQUE.
ESE ES NUESTRO VUELO.
NO CAMBIES DE TEMA, JA, JA, JA.
BUENO, PERO TODAVÍA TENGO SU AUTÓGRAFO.
LA CUENTA, POR FAVOR.
AQUÍ TIENES, ANDRÉS.
TE LO MERECES.
GRACIAS.
JA, JA, JA.
JA, JA, JA.
fin

1. **Elige palabras de las tres columnas para formar frases relacionadas con la historia.**

1. Andrés y su amigo están tomando un café...	mientras	**a.** Andrés le pregunta el nombre.
2. Andrés se acerca a la mujer...	antes de	**b.** llama para escuchar su voz.
3. La mujer está leyendo el periódico...	después de que	**c.** tomar el avión.
4. El amigo pide otro café...	después de	**d.** la mujer habla con Andrés.
5. Andrés le pide el número de teléfono...	hasta que	**e.** la mujer se vaya.
6. Andrés llama al número...	antes de que	**f.** hacer una apuesta con su amigo.
7. Andrés cree que tiene su teléfono...	cuando	**g.** su amigo se lo pida.

1.1. **¿Qué significan los marcadores temporales de la actividad 1? Relaciona las frases anteriores con los siguientes significados.**

a. Acción anterior: _______________ b. Acción posterior: _______________

c. Acción simultánea: _______________ d. Límite de tiempo: _______________

2. **Relaciona las palabras del cuadro con las imágenes.**

1. histérico/a **2.** triste **3.** contento/a **4.** furioso/a **5.** nervioso/a

a.	**b.**	**c.**	**d.**	**e.**

2.1. **Completa las frases con las palabras de la actividad anterior en la forma adecuada.**

1. Andrés se puso _______________ cuando fue a hablar con la mujer.

2. La mujer se puso _______________ cuando Andrés descubrió quién era.

3. Andrés se puso _______________ cuando la mujer le dio el autógrafo y el número de teléfono.

4. Andrés se puso _______________ cuando se dio cuenta de que le había engañado.

5. El amigo de Andrés perdió la apuesta, pero no se puso _______________.

2.2. Completa libremente las frases.

1. Me pongo contento/a cuando ____________________.
2. Me pongo nervioso/a si ____________________.
3. Me pongo triste cuando ____________________.
4. Me aburro si ____________________.
5. Me pongo furioso/a cuando ____________________.

3. ¿Qué adjetivo usa el amigo de Andrés cuando quiere decirle que es muy listo, que consigue lo que quiere sin que los demás se den cuenta?

____

3.1. Aquí tienes otros adjetivos que describen el carácter de las personas. Relaciónalos con su definición.

1. impaciente	**a.** Que no le gustan las relaciones sociales o compartir información personal.
2. tranquilo/a	**b.** Que no le gusta gastar dinero.
3. introvertido/a	**c.** Incapaz de esperar.
4. discreto/a	**d.** Que piensa que es superior a los demás.
5. tacaño/a	**e.** Que no está nervioso/a.
6. arrogante	**f.** Que no quiere llamar la atención.

3.2. Escribe los contrarios de los adjetivos anteriores en el espacio correspondiente.

1.	**2.**	**3.**
4.	**5.**	**6.**

3.3. Completa las siguientes frases con las palabras de la actividad 3.1 en la forma adecuada.

1. A Andrés le costó ir a hablar con la mujer porque es un poco __________.
2. Aunque Andrés es una persona ______________, se pone un poco nervioso cuando va a hablar con ella.
3. Cuando el amigo hace apostar a Andrés otra vez, es una actitud ________.
4. Al principio Andrés no quiere apostar porque es algo ______________.
5. La chica no quiere que sepan quién es y le pide a Andrés que sea ________.
6. La mujer es ________; solo quiere entrar en su avión e irse de ahí.

CUALQUIER DESTINO
UN BILLETE A CANCÚN. SON SETECIENTOS EUROS, SEÑOR.
CON TARJETA DE CRÉDITO, POR FAVOR.
ITALIA, BRASIL, JAPÓN... TANTOS SITIOS ADONDE IR...
TAC TAC TAC
AQUÍ TIENE, SEÑOR. QUE TENGA UN BUEN VIAJE.
Y AQUÍ ESTOY YO... ATRAPADA EN ESTE AEROPUERTO.

...¡ATRAPADA!
¿QUÉ? ¿HAS DICHO ALGO?
¿?
NO, NADA, LO SIENTO. SOLO ESTABA PENSANDO EN VOZ ALTA.
GRACIAS, SEÑOR. QUE TENGA UN BUEN VIAJE.
OYE, SARA, NO TIENES BUENA CARA. ¿ESTÁS ENFERMA?
NO... NO ES ESO...
ENTONCES, ¿QUÉ TE PASA?

BUENO, YO SIEMPRE HE QUERIDO VIAJAR POR EL MUNDO...
¡BIENVENIDA AL CLUB!
ORANGE airlines
ORANGE airlines
ACEPTÉ ESTE TRABAJO PORQUE QUERÍA ESTAR EN UNA COMPAÑÍA AÉREA Y VIAJAR Y VIAJAR... PERO DESPUÉS DE CUATRO AÑOS VENDIENDO BILLETES TODAVÍA NO HE IDO A NINGÚN SITIO...
airlines
ORANGE airlines
ORANGE airlines
...¡ESTOY PERDIENDO EL TIEMPO!
SARA, HABLA EN VOZ BAJA...
¡SOY UNA TONTA!
SARA, CÁLMATE...

BUENOS DÍAS, SEÑOR. PASE POR AQUÍ, POR FAVOR.
TODOS LOS DÍAS AQUÍ, A LA MISMA HORA, EN LA MISMA SILLA... VIENDO POR LAS VENTANAS LOS AVIONES QUE VAN Y VIENEN... INCLUSO LOS CLIENTES PARECEN TENER TODOS LA MISMA CARA...
¿?
UN BILLETE A PRAGA, POR FAVOR.
LA VIDA PASA A MI LADO, EL MUNDO ESTÁ MOVIÉNDOSE ALLÍ AFUERA, Y YO...
TODOS LOS DÍAS AQUÍ DENTRO... VIENDO CÓMO PASAN LAS HORAS...
SON TRESCIENTOS EUROS, SEÑOR.
VOY AL BAÑO. VUELVO EN UN MOMENTO.
¡!
¡SARA!

OH, SARA...
NECESITAS UN CAMBIO EN TU VIDA. TÚ LO SABES.
A VER... NO TE GUSTA TU TRABAJO...NO TE GUSTA TU NOVIO...
...PERO ¿TIENES EL CORAJE DE HACER LOS CAMBIOS QUE NECESITAS? ¿SÍ O NO?
¿SÍ O NO?

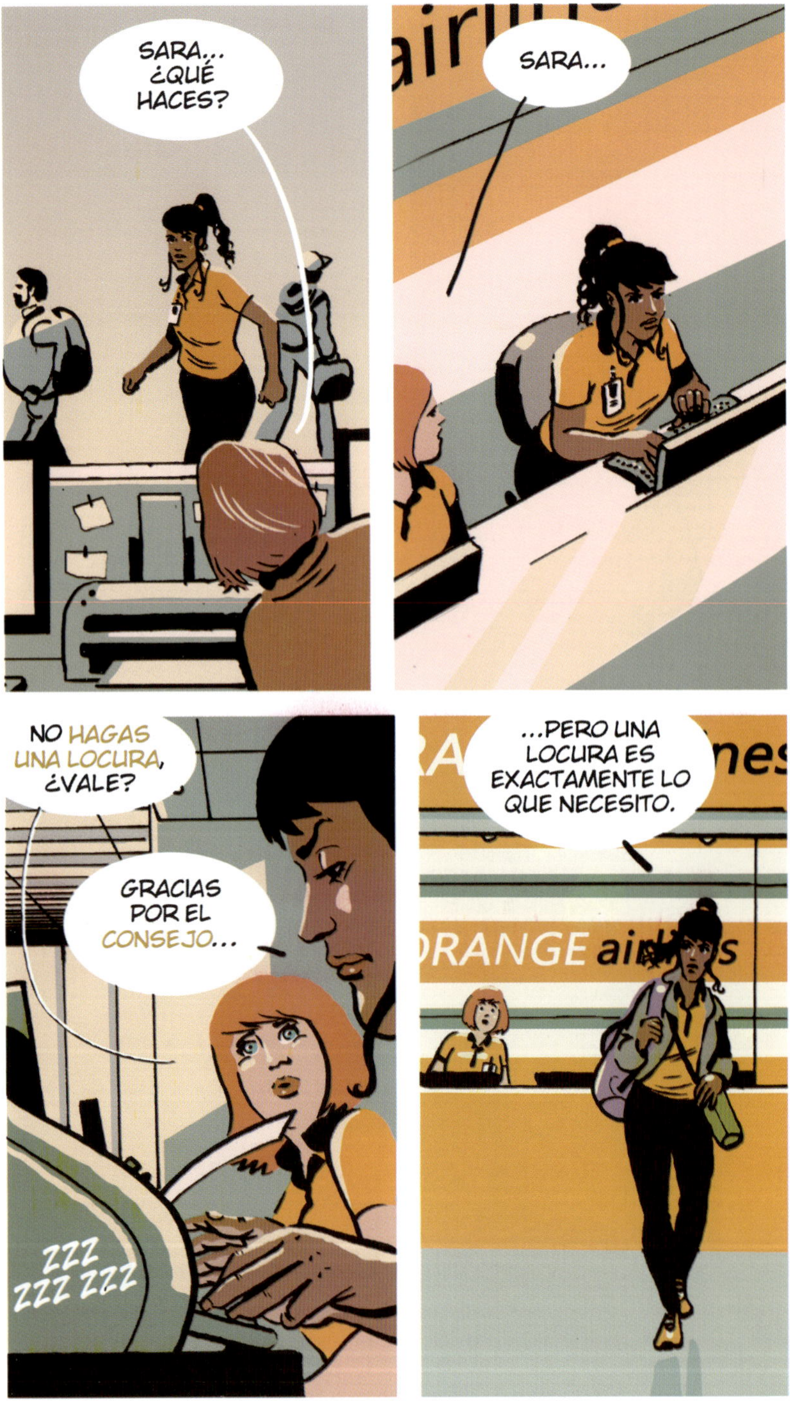
SARA... ¿QUÉ HACES?
SARA...
airlines
NO HAGAS UNA LOCURA, ¿VALE?
GRACIAS POR EL CONSEJO...
ZZZ ZZZ ZZZ
...PERO UNA LOCURA ES EXACTAMENTE LO QUE NECESITO.
ORANGE airlines

¿SE HA VUELTO LOCA?
TAL VEZ...
SARA, ¡AL MENOS DIME DÓNDE VAS!
SILVIA, NECESITO SALIR DE AQUÍ. LA VIDA ES CORTA Y PASA DEMASIADO RÁPIDO.
¡VOY A TOMAR UN AVIÓN!
VOY A PERSEGUIR MIS SUEÑOS...

BUENAS TARDES. ESTE ES EL ANUNCIO PREVIO AL EMBARQUE DEL VUELO 176 CON DESTINO A NATAL.
PASAJEROS CON ESTE DESTINO, DIRÍJANSE A LA PUERTA DE EMBARQUE.
EMBARCAREMOS EN UNOS DIEZ MINUTOS. GRACIAS.
T STORE
Super Fashio
ESE ES MI VUELO. ALLÁ VOY...

TENÍA MUCHAS GANAS DE ESTAR AQUÍ ARRIBA...

SEÑORAS Y SEÑORES, EN ESTOS MOMENTOS ESTAMOS SOBREVOLANDO LAS ISLAS CANARIAS. LA DURACIÓN DEL VUELO HASTA NATAL ES DE TRECE HORAS.
YA PUEDEN DESABROCHARSE LOS CINTURONES DE SEGURIDAD Y MOVERSE POR LA CABINA.
QUÉ BONITO ES VOLAR...
PERO... TODO PASÓ TAN RÁPIDO QUE COMPRÉ EL BILLETE PARA EL PRIMER VUELO QUE SALÍA DEL AEROPUERTO...
...Y NO SÉ NADA DE NATAL...

(**Volar*, Macaco)

SUS MALETAS ESTÁN EN LA CINTA NÚMERO CINCO.
NO HAY MALETAS EN ESTE VIAJE, SEÑOR...
... ME SIENTO TAN LIBRE COMO UN PÁJARO...

ES GENIAL ESTAR AQUÍ... PERO AHORA TENGO QUE PENSAR QUÉ LE VOY A DECIR A MI JEFE... A MI NOVIO...
...Y NI SIQUIERA COMPRÉ UN BILLETE DE VUELTA...
DISCULPE, SEÑORA.
¿QUÉ HORA ES?
LO SIENTO, CARIÑO, NO TENGO RELOJ.

NO HAY PROBLEMA. GRACIAS.
¿ESTÁS DE VACACIONES?
BUENO, YO...
Jefe
¿Qué estás haciendo, Sara?
SINCERAMENTE, TODAVÍA NO LO SÉ...
haciendo, Sara?
Sinceramente, todavía no lo sé...

HUMMM..
ENTIENDO...
CUANDO SOMOS JÓVENES ESTAMOS LLENOS DE IDEAS. PERO TAMBIÉN LLENOS DE DUDAS...
SÍ, CREO QUE TENGO QUE ACLARAR MIS IDEAS.
TAP
TAP TAP
Jefe
Tengo que aclarar mis ideas.
HMMM...
ESA ES UNA BUENA RESPUESTA.
¿TE PUEDO DAR UN CONSEJO?

DEJA DE PREGUNTAR QUÉ HORA ES Y VIVE EL PRESENTE.
LO SÉ POR EXPERIENCIA. HACE ALGUNOS AÑOS ERA YO LA QUE ESTABA EN TU SITUACIÓN.
¿AH, SÍ? ¿Y QUÉ HICISTE?
BUENO, ES UNA LARGA HISTORIA.
POR AHORA, TODO LO QUE NECESITAS SABER ES QUE EL AGUA AQUÍ ESTÁ ESTUPENDA.
Y YO VOY A PROBARLA AHORA MISMO.

NO TE PREOCUPES. VAS A ENCONTRAR TUS PROPIAS RESPUESTAS. TODO LO QUE PUEDO DECIRTE ES QUE EL CAMINO SERÁ MEJOR QUE EL DESTINO.
SÍ... NECESITO UN POCO DE TIEMPO...

ES HORA DE DISFRUTAR DEL MOMENTO, DEL AHORA...
...EN VEZ DE SOÑAR CON EL FUTURO.
COMO ELLA HA DICHO, EL CAMINO SERÁ MEJOR QUE EL DESTINO.
TENGO QUE RECONOCER QUE ME GUSTA ESTA INCERTIDUMBRE...PUES MI DESTINO PUEDE ESTAR..
...EN CUALQUIER PARTE.
fin

1. Elige la opción correcta.

1. Sara se siente...
- a. satisfecha en el trabajo.
- b. poco valorada por su jefe.
- c. decepcionada con su trabajo.

2. Cuando Sara aceptó el trabajo,...
- a. pensó que viajaría mucho.
- b. le prometieron viajar.
- c. había montado en avión una vez.

3. Sara toma la decisión...
- a. porque no le gusta su novio.
- b. porque no le gusta su trabajo.
- c. porque necesita un cambio en su vida.

4. Cuando Sara está en el avión,...
- a. piensa en sus problemas.
- b. se da cuenta de que no tiene billete de vuelta.
- c. se da cuenta de que no conoce el destino.

5. La mujer de la playa le dice que...
- a. tiene que relajarse.
- b. está en su misma situación.
- c. vaya con ella al agua.

6. Sara cree que...
- a. no debe pensar en su futuro.
- b. debe volver.
- c. debe pensar qué va a hacer.

2. Transforma los deseos de Sara usando la estructura *Ojalá* + presente de subjuntivo.

1. Quiero viajar por todo el mundo. → *Ojalá viaje por todo el mundo.*
2. Deseo que el trabajo sea divertido. → ______________________
3. Quiero cambiar mi vida. → ______________________
4. Tengo ganas de montar en avión alguna vez. → ______________________
5. Deseo que Natal sea interesante. → ______________________
6. Quiero ser libre. → ______________________
7. Quiero quedarme aquí. → ______________________

2.1. Escribe un deseo para cada situación.

1. Un estudiante antes de un examen: *Quiero que...*
2. Una persona que va de vacaciones: *¡Ojalá...*
3. Una pareja que va a casarse: *Deseamos...*
4. Una persona que está enferma: *¡Tengo ganas de...*
5. Un futbolista que va a jugar una final: *¡Ojalá...*

3. **Sara va escuchando una canción en el avión: *Volar,* de Macaco. ¿Sabes algo de este cantante? Mira estas imágenes e intenta responder a las preguntas.**

1. ¿De dónde es?	**3.** ¿Cómo empezó a tocar?
2. ¿Qué tipo de música hace?	**4.** ¿Por qué otra cosa es conocido Macaco?

3.1. **Busca información en internet y comprueba tus hipótesis anteriores. ¿Has acertado?**

4. **La palabra *sueño* tiene diferentes significados dependiendo de las expresiones en las que se usa. Lee las del cuadro, busca su significado y completa con su forma correcta las siguientes frases.**

caerse de sueño / tener un sueño / coger el sueño / hablar en sueños ni en sueños / quitar el sueño / el sueño ligero/pesado / tener sueño

1. —Me voy a la cama, ____________________.

—Yo también debería acostarme, pero no ____________________.

—Puedes tomarte una infusión, es lo que yo hago para ____________________ cuando no tengo.

2. —Siempre ____________________: ser mi propio jefe y no tener horarios.

—Ser tu propio jefe es posible, pero no tener horarios no lo vas a conseguir ____________________: siempre va a haber otra persona con la que tengas que ponerte de acuerdo.

3. —Ayer me despertaste.

—¿Yo?

—Sí, es que estabas ____________________ y yo tengo ____________________.

4. —A mí lo que ____________________ es encontrar un trabajo, ya llevo tres meses sin trabajar y necesito dinero.

ACTIVIDADES: EL FINAL DE LA PELÍCULA

1. **1.** D; **2.** G; **3.** A; **4.** H; **5.** B; **6.** C; **7.** F; **8.** E.

   1.1. **Lucía:** 3, 6, 7, 8; **Marcos:** 1, 2, 4, 5.

2. **Estación de autobuses:** pasajero/a, dársena, billete de ida y vuelta, conductor/a, asiento, taquilla; **Aeropuerto:** pasajero/a, vuelo, billete de ida y vuelta, asiento, puerta de embarque, control de pasaportes, compañía aérea; **Estación de tren:** pasajero/a, billete de ida y vuelta, vagón, asiento, andén, taquilla, revisor/a.

   2.1. **Respuesta libre.**

   2.2. **1.** pasajeros; **2.** andén; **3.** billete de ida y vuelta/taquilla; **4.** compañía aérea; **5.** revisor; **6.** asiento.

3. **Posible respuesta:** No viajaban en avión tanto como ahora; Estaban más con la familia que ahora; No hablaban por teléfono tanto como ahora; Tenían más hijos que ahora; No viajaban tanto al extranjero como ahora; Escribían más cartas que ahora; Jugaban en la calle más que ahora; No hacían tantas fotos como ahora.

   3.1. **Respuesta libre.**

   3.2. **Posible respuesta:** Antes Marcos tenía el pelo castaño, pero ahora lo tiene blanco; Antes Marcos era joven, pero ahora es bastante mayor; Antes Marcos quería ser actor, pero ahora está jubilado; Antes Marcos estaba soltero, pero ahora está viudo y tiene hijos.

ACTIVIDADES: EL PASAJERO ANÓNIMO

1. **1.** estaban; **2.** se dieron cuenta; **3.** estaba; **4.** era; **5.** estaba jugando/jugaba; **6.** tocó; **7.** tenía; **8.** explicó; **9.** dijeron; **10.** podía; **11.** empezó; **12.** empezaron; **13.** llegó; **14.** permitió; **15.** llevó; **16.** pudo; **17.** jugó.

2. **1.** tenis; **2.** baloncesto; **3.** fútbol; **4.** montañismo; **5.** esquí; **6.** béisbol.

   2.1. **1.** portería; **2.** canasta; **3.** guante; **4.** red; **5.** bastones; **6.** cuerda; **7.** pista; **8.** bote; **9.** área; **10.** bate; **11.** botas; **12.** casco.

3. **2.** Te recomiendo que veas esa película, es muy divertida; **3.** Le prohíbo que pase, son las normas; **4.** Le aconsejo que tome frutas y verduras todos los días, es muy importante; **5.** Os permito que uséis el diccionario si queréis; **6.** Les pedimos que apaguen sus dispositivos y pongan sus asientos en posición vertical; **7.** Te permito que vayas al concierto este fin de semana si acabas la tarea antes.

   3.1. **a.** 2; **b.** 4; **c.** 7; **d.** 6; **e.** 1, 3; **f.** 5.

   3.2. **Respuesta libre.**

ACTIVIDADES: UN POCO DE CHOCOLATE

1. **1.** F; **2.** F; **3.** F; **4.** F; **5.** V; **6.** F; **7.** V.

2. **Respuesta libre.**

3. **1.** b; **2.** e; **3.** d; **4.** c; **5.** a.

3.1. **1.** se perdió (a); **2.** Perdieron (b); **3.** había perdido (d); **4.** perderse (c); **5.** he perdido (e).

3.2. **1.** abrazarte; **2.** ha roto con, me caía bien; **3.** has ligado; **4.** tienes una aventura; **5.** nos llevamos bien.

ACTIVIDADES: LA ESTRELLA MISTERIOSA

1. **1.** antes de, c; **2.** después de, f; **3.** cuando, a; **4.** mientras, d; **5.** antes de que, e; **6.** después de que, g; **7.** hasta que, b.

1.1. **a.** 1, 5; **b.** 2, 6; **c.** 3, 4; **d.** 7.

2. **1.** a; **2.** c; **3.** b; **4.** d; **5.** e.

2.1. **1.** nervioso; **2.** histérica; **3.** contento; **4.** triste; **5.** furioso.

2.2. **Respuesta libre.**

3. pillo.

3.1. **1.** c; **2.** e; **3.** a; **4.** f; **5.** b; **6.** d.

3.2. **1.** paciente; **2.** intranquilo/a; **3.** extrovertido/a; **4.** indiscreto/a; **5.** generoso/a; **6.** humilde.

3.3. **1.** introvertido; **2.** tranquila; **3.** arrogante; **4.** tacaño; **5.** discreto; **6.** impaciente.

ACTIVIDADES: CUALQUIER DESTINO

1. **1.** c; **2.** a; **3.** c; **4.** c; **5.** a; **6.** a.

2. **1.** *Ojalá viaje por todo el mundo.* **2.** Ojalá el trabajo sea divertido. **3.** Ojalá cambie mi vida. **4.** Ojalá monte en avión alguna vez. **5.** Ojalá Natal sea interesante. **6.** Ojalá sea libre. **7.** Ojalá me quede aquí.

2.1. **Respuesta libre.**

3. **Respuesta libre.**

3.1. **1.** Es de Barcelona, España. **2.** Hace una música que mezcla diferentes estilos musicales: rap, *reggae, rock,...* **3.** Empezó a tocar en las calles de Barcelona con otros músicos, en las Ramblas y calles del centro. **4.** Ha realizado acciones para luchar por el medio ambiente y la naturaleza y ha colaborado en proyectos solidarios para ayudar a niños enfermos, por ejemplo.

4. **1.** me caigo de sueño/tengo sueño/coger el sueño; **2.** he tenido un sueño/ni en sueños; **3.** hablando en sueños/el sueño ligero; **4.** me quita el sueño.

GLOSARIO

ESPAÑOL	INGLÉS	FRANCÉS
EL FINAL DE LA PELÍCULA		
Página 5		
Anuncio	Announcement	Annonce
Pasajero/a	Passenger	Passager
Vuelo	Flight	Vol
Con destino a	Bound for	Vers
Retrasado/a	Delayed	Retardé/e
Embarcar	To board	Embarquer
Overbooking	Overbooking	Surréservé
Ofrecer	To offer	Offrir
Paciencia	Patience	Patience
Página 6		
Catarro	A cold	Un rhume
Molestar	To bother	Déranger
Dejar	To let	Laisser
Encantado/a	Nice to meet you	Enchanté/e
Pesado/a	A pain (in the neck)	Pénible
Página 7		
Sobrevivir	To survive	Survivre
Época	Time	Époque
Habitual	Usual	Habituel
Página 8		
Causar	To cause	Causer
Campo	Countryside	Campagne
Conseguir	To achieve, To get	Atteindre
Lleno/a de sueños	Full of dreams	Plein de rêves
Página 9		
De repente	Suddenly	Soudain
Distraído/a	Distracted	Tête en l'air
De hecho	In fact	En fait
Desfilar	To parade	Défiler
Hipnotizado/a	Hypnotized	Hypnotisé/e
Magia	Magic	Magie
Interrumpido/a	Interrupted	Interrompu/e
Página 10		
A cámara lenta	Slow motion	Au ralenti
Intención	Intention	Intention
Prisa	Haste	Ruée
Sin dudarlo	Without hesitation	Sans hésiter
Sostener	To hold	Tenir
Evitar	To avoid	Éviter
Caer	To fall	Tomber
Página 11		
Enamorarse	To fall in love	Tomber amoureux/amoureuse
Inmediatamente	Immediately	Immédiatement
Ley de la gravedad	Law of gravity	Loi de la gravité
Devolver	To bring back	Ramener
Realidad	Reality	Réalité
Página 12		
Aplaudir	To clap	Applaudir
Valentía	Courage	Courage
Espectáculo	Show	Spectacle
Llamada	Call	Appel
Dirigirse	To go to	Se diriger
Dársena	Platform	Quai
Página 13		
Tirar	To push down	Faire tomber
Página 14		
Enviudar	To become widowed	Devenir veuf/veuve
Página 15		
Acento	Accent	Accent
Gallego/a	Galician	Galicien/ne
Salvar	To save	Sauver
Página 16		
¡Madre mía! (coloquial)	My goodness!	Mon Dieu!
¡Ay!	Oh!	Oh!
Página 17		
Reflejos	Reflexes	Réflexes
Culpa	Fault	Faute
Agradable	Nice	Agréable
Coincidencia	Coincidence	Coïncidence

ESPAÑOL	INGLÉS	FRANCÉS
Página 18		
Chiste	Joke	Blague
Página 19		
Curiosidad	Curiosity	Curiosité
Modelo	Model	Modèle
Concurso de belleza	Beauty contest	Concours de beauté
Ganar	To win	Gagner
Puesto	Place	Place
Injusticia	Injustice	Injustice
Página 20		
Embarque	Boarding	Embarquement
Asistencia	Assistance	Assistance
Página 21		
En realidad	Actually	En réalité
Anciano/a	Old man/woman	Vieux monsieur/Vieille dame
Estar a punto de	To be about to	Être sur le point de
Despegar	To take off	Décoller
Página 22		
Agarrar	To grab	Saisir
Simplemente	Simply	Simplement
EL PASAJERO ANÓNIMO		
Página 25		
Pasajero	Passenger	Passager
Anónimo/a	Anonymous	Anonyme
Desaparecer	To disappear	Disparaître
Página 27		
Embarazada	Pregnant	Enceinte
Nacimiento	Birth	Naissance
La final	The final	La finale
Página 28		
Creer	To believe	Croire
Entrenador/a	Coach	Entraîneur/Entraîneuse
Prometer	To promise	Promettre
Sustituto/a	Substitute	Remplaçant/e
Paquete (coloquial)	Inept	Inepte
Página 29		
Cola	Queue, Line	Queue
Turno	Turn	Tour
Página 31		
Balón	Ball	Balle
Página 32		
Seguir	To follow	Suivre
Reconocer	To recognize	Reconnaître
Copa del mundo	World Cup	Coupe du Monde
Norma	Rule	Règle
Página 33		
Vestíbulo	Hall	Hall
Aconsejar	To advise	Conseiller
Página 34		
Además	In addition	En outre
Café solo	Black coffee	Café espresso
Página 37		
Concentración	Training camp	Concentration
Página 38		
Seguir	To keep	Rester
Página 39		
Dejar	To let	Laisser
Página 40		
Estar a punto de	To be about to	Être sur le point de
Despegar	To take off	Décoller
Dispositivo	Device	Dispositif
Disculparse	To apologize	S'excuser
Molestia	Annoyance	Contrariété
Embarcar	To board	Embarquer
Página 41		
Roma	Rome	Rome
Cielo	Sky	Ciel
Despejado/a	Clear	Dégagé/e
Estrella	Star	Védette de cinema
Página 42		
Aparecer	To show up	Apparaître

ESPAÑOL	INGLÉS	FRANCÉS
Área	Area	Surface
Saltar	To jump	Sauter
Golpear	To hit	Frapper
Portería	Goal	But
Dudar	To doubt	Douter
UN POCO DE CHOCOLATE		
Página 45		
Relación	Relationship	Relation
Arreglar	To fix	Se remettre ensemble
Romper	To break up	Mettre fin à une relation
Página 46		
Hacerse daño	To hurt oneself	Se faire mal
Perder	To lose	Perdre
Perdone	Excuse me	Excusez-moi
Página 47		
Negativo/a	Negative	Négatif/Négative
Tener razón	To be right	Avoir raison
Ascensor	Elevator	Ascenseur
Planta	Floor	Étage
Página 48		
Pulsar	To press	Appuyer
Sitio	Room	Place
Página 49		
Loco/a	Crazy	Fou/Folle
Tener prisa	To be in a hurry	Être pressé
Página 50		
Empujar	To push	Pousser
Página 51		
A toda costa (coloquial)	At all costs	À tout prix
Zona	Area	Quartier
Alérgico/a	Allergic	Allergique
Jovencito/a	Young man/Young lady	Jeune homme/Jeune femme
Página 52		
Pantalla	Screen	Écran
Vestíbulo	Hall	Hall
Página 53		
Cuenta	Account	Compte
Conseguir	To get	Obtenir
Pesado/a	Annoying	Pénible
Burdeos	Bordeaux	Bordeaux
Por casualidad	By chance	Par hasard
Presentar	To introduce	Présenter
Apreciar	To appreciate	Apprécier
Incluso	Even	Même
Página 54		
Gustos	Likes	Goûts
Sin embargo	However	Cependant
Página 55		
¡Madre mía! (coloquial)	My goodness!	Mon Dieu!
Faltar	Left	Rester
Cochecito	Little car	Petite voiture
Intentar	To try	Essayer
Entonces	So	Alors
Demostrar	To show	Démontrer
Sentir	To feel	Ressentir
Página 56		
De todos modos	Anyway	De toute façon
Apoyar	To support	Soutenir
Probar	To try	Tester
Darse cuenta	To realize	Se rendre compte
Descubrir	To find out	Découvrir
Destino	Destination	Destination
Perder	To lose	Perdre
Oportunidades	Opportunities	Opportunités
Ganar	To win	Gagner
Página 59		
Libre	Free	Libre
Página 60		
Bienvenido/a al club (coloquial)	Welcome to the club	Bienvenue au club
LA ESTRELLA MISTERIOSA		
Página 65		
Estrella	Star	Védette de cinéma

ESPAÑOL	INGLÉS	FRANCÉS
Misterioso/a	Mysterious	Mystérieux/Mystérieuse
Ahora mismo	Right now	Tout de suite
Lugar de paso	Place of passage	Lieu de passage
Espacio	Space	Espace
Página 66		
Filosófico/a	Philosophical	Philosophique
Impaciente	Impatient	Impatient/e
Impredecible	Unpredictable	Imprévisible
Mágico/a	Magical	Magique
Chicos/as (coloquial)	Guys	Les gars
Página 67		
Oler	To smell	Sentir
Revista	Magazine	Magasine
Página 68		
Apuesta	Bet	Pari
Matar el tiempo (coloquial)	To kill time	Tuer le temps
Dejar	To let	Laisser
Página 69		
Libra	Pound	livre
Acercarse	To get close	Se rapprocher
Distancia	Distance	Distance
Ganar	To win	Gagner
De acuerdo	OK	D'accord
Vamos (coloquial)	Come on	Allez
Estúpido/a	Stupid	Stupide
Página 70		
Por supuesto	Of course	Bien sûr
Claro	Sure	Bien sûr
Ya	Already	Déjà
Página 72		
Perdone	Excuse me	Excusez-moi
Mire	Look	Écoutez
De repente	All of a sudden	Soudain
Página 74		
Admirador/a	Fan	Admirateur/Admiratrice
Llamar la atención	To draw attention	Attirer l'attention
Página 75		
Lo antes posible	As soon as possible	Dès que possible
Pasar	To happen	Se passer
Discretamente	Discreetly	Discrètement
Página 76		
Sentir	To be sorry	Désolé/e
Ponerse nervioso/a	To get nervous	Être nerveux/nerveuse
Volar	To fly	Voler
Página 77		
Embarque	Boarding	Embarquement
Estar a punto de	To be about to	Être sur le point de
Dirigirse	To go to	Se diriger
Pasajeros	Passengers	Passagers
Primera clase	First class	Première classe
Página 79		
Jurar	To swear	Jurer
Pillo/a	Rascal	Malin
Página 80		
Creer	To believe	Croire
Doblar	To double	Doubler
Página 81		
Dar esquinazo	To give someone the slip	Fausser compagnie
Manera	Way	Façon
Página 82		
Londres	London	Londres
Tarjeta de embarque	Boarding pass	Carte d'embarquement
Cambiar de tema	To change the subject	Changer de sujet
Merecerse	To deserve	Mériter
CUALQUIER DESTINO		
Página 85		
Cualquier	Any	N'importe lequel
Destino	Destination	Destination
Billete	Ticket	Billet
Atrapado/a	To be trapped	Piégé/e

ESPAÑOL	INGLÉS	FRANCÉS
Página 86		
Pensar en voz alta (coloquial)	To think out loud	Penser à haute voix
Oye	Listen	Écoutez
No tener buena cara (coloquial)	To look out of sorts	Ne pas avoir bonne mine
Página 87		
Bienvenido/a al club (coloquial)	Welcome to the club	Bienvenue au club
Aceptar	To accept	Accepter
Compañía aérea	Airline	Compagnie aérienne
Tonto/a	Fool	Idiot/e
Calmarse	To calm down	Se calmer
Página 88		
Incluso	Even	Même
Cliente/a	Costumer	Client/e
Praga	Prague	Prague
Página 89		
Cambio	Change	Changement
A ver	Let's see	Voyons
Coraje	Courage	Courage
Página 90		
Hacer una locura (coloquial)	To do something crazy	Faire une folie
Consejo	Advice	Conseil
Página 91		
Volverse loco/a	To get crazy	Perdre la raison
Al menos	At least	Au moins
Perseguir	To follow	Poursuivre
Sueño	Dream	Rêve
Página 92		
Anuncio previo al embarque	Pre-boarding Announcement	Annonce de pré-embarquement
Vuelo	Flight	Vol
Pasajero/a	Passenger	Passager
Dirigirse	To go to	Se diriger
Allá voy	There I go	J'y vais
Página 93		
Tener ganas	To feel like	Avoir envie
Página 94		
Sobrevolar	To overfly	Survoler
Islas Canarias	Canary Islands	Îles Canaries
Desabrocharse	To unfasten	Détacher
Cabina	Cabin	Cabine
Página 95		
Descubrir	To discover	Découvrir
Alas	Wings	Ailes
Página 96		
Cinta	Belt	Tapis roulant
Libre	Free	Libre
Página 97		
Genial	Great	Génial
Ni siquiera	Not even	Même pas
Disculpe	Excuse me	Excusez-moi
Cariño	Dear	Chéri/e
Página 98		
Sinceramente	Frankly	Sincèrement
Página 99		
Lleno/a de	Full of	Plein de
Duda	Doubt	Doute
Aclarar	To clear	S'éclaircir
Página 100		
Dejar de	To stop	Laisser de
Por experiencia	By experience	Par expérience
Por ahora	For now	Pour l'instant
Estupendo/a	Great	Formidable
Probar	To try out	Tester
Ahora mismo	Right now	Tout de suite
Página 101		
Propio/a	Own	Propre
Página 102		
Disfrutar	To enjoy	Apprécier
En vez de	Instead of	Au lieu de
Reconocer	To recognize	Reconnaître
Incertidumbre	Uncertainty	Incertitude